Selbstliebe lernen

Die Schritt für Schritt-Anleitung

Wie Du mehr Liebe und Akzeptanz zu dir selbst aufbaust.

Für mehr Selbstbewusstsein.

Autor M. Rock

Inhaltsverzeichnis

Vorwort	1
Selbstliebe Lernen: Wie Du mehr Liebe und Akzeptanz zu dir selbst aufbaust	3
Selbstliebe aufbauen:	5
Die Schritt für Schritt-Anleitung	5
Kenne deine eigenen Werte:	6
Lobe dich selbst:	9
Kenne deine Stärken:	10
Kenne deinen inneren Kritiker und schalte ihn aus:	12
Sei dein eigener bester Freund:	15
Lerne dich in Geduld:	17
Zeit für die eigenen Lebensträume schaffen:	18
Zeit für Regeneration:	20
Umgib dich mit Menschen, die dich unterstützen:	22
Arbeite an deiner Ausstrahlung:	24
Mache eine Bestandsaufnahme:	26
Verstehe dich und lerne dich selbst besser kennen:	28
Schaffe den richtigen Rahmen:	30

Selbstliebe in der Praxis: Wie Du mehr Liebe und
Akzeptanz zu dir im Alltag aufbaust — 32

- Führe dir die Vorteile immer wieder vor Augen: — 33
- Du wirst attraktiver für andere: — 35
- Du bist erfolgreicher: — 36
- Selbstliebe verbessert dein soziales Leben: — 38
- Emotionale Stabilität: — 39
- Mehr Selbstliebe bedeutet mehr Selbstvertrauen: — 40
- Meditation: — 41

Schlusswort — 44

Wie waren die Informationen? — 46

Rechtliches — 48

Disclaimer-Alle Inhalte dieses Ratgebers wurden nach bestem Wissen und Gewissen verfasst und nachgeforscht. Allerdings kann keine Gewähr für die Korrektheit, Ausführlichkeit und Vollständigkeit der enthaltenen Informationen gegeben werden. Der Herausgeber haftet für keine nachteiligen Auswirkungen, die in einem direkten oder indirekten Zusammenhang mit den Informationen dieses Ratgebers stehen. — 50

Vorwort

Hast Du schon lange mit Selbstzweifeln zu kämpfen? Möchtest Du schon lange mehr Selbstbewusstsein aufbauen und mit dir selbst im Reinen kommen? Dann ist dieses Buch goldrichtig für dich! Dieses Buch wird dir Schritt für Schritt zeigen wie Du mehr Selbstliebe aufbauen kannst und mit dir selbst im Reinen kommst. Hierbei werden selbstverständlich praktische Tipps nicht zu kurz kommen, die Du im Alltag anwenden kannst.

Zuerst werden wir, jedoch mit der Grundlage beginnen. Du kannst es dir im Grunde wie bei einem Hausbau vorstellen. Zuerst brauchen wir eine Grundlage auf der wir aufbauen können und die uns weiterhelfen können. Hierbei wird es sich in diesem Buch um das wichtigste Grundwissen handeln. Ich werde dir die wichtigsten Grundlagen aufzeigen, die Du brauchen wirst, um im Nachhinein auch die Tipps in die Praxis umsetzen zu können.

Keine Sorge: Die Praxis wird in diesem Buch selbstverständlich auch nicht zu kurz kommen! Im zweiten Teil werde ich dir praktische Tipps und Tricks mit an die Hand geben, die dir dabei weiterhelfen werden ganz einfach und schnell mehr Selbstliebe zu dir aufzubauen. Wichtig hierbei ist, dass Du diese Strategien auch wirklich in die Tat umsetzt.

Beim Lesen dieses Ratgebers solltest Du dir immer ein bisschen mehr, als zu wenig Zeit lassen. Es bringt überhaupt nicht alles zu überstürzen. Es ist besser diesen Ratgeber ein zweites Mal mit voller Aufmerksamkeit zu lesen, anstatt nur ein einziges Mal zu überfliegen. Das ist es nämlich worauf es ankommt und was dich schlussendlich auch weiterbringen wird. Auch Notizen können hilfreich sein, damit Du das Wichtigste im Kopf behältst. Sollte dir ein Kapitel zu schnell gehen, lies es dir ein zweites Mal durch oder lass dir extra viel Zeit. Das ist es nämlich im Nachhinein, was dir helfen wird und was dich persönlich auch einen großen Schritt weiterbringen wird. Mit diesen Worten möchte ich auch schon das Vorwort beenden und wünsche dir viel Spaß beim Lesen.

Selbstliebe Lernen: Wie Du mehr Liebe und Akzeptanz zu dir selbst aufbaust

Selbstliebe ist ein Thema, das immer noch in unserer modernen und aufgeklärten Gesellschaft eine große Rolle spielt. Gerade Menschen, die die ganze Zeit mit sich selbst zweifeln, haben in der Vergangenheit so gut wie gar keine Selbstliebe gelernt und wissen auch nicht wie sie Liebe zu sich selbst aufbauen können. Umso wichtiger ist es an dieser Stelle anzusetzen und herauszufinden wie man Selbstliebe und Akzeptanz zu sich selbst aufbauen kann. Im Grunde ist es gar nicht so schwer, wenn man weiß wie es funktioniert.

Ich werde dich in diesem Buch leiten und dir Schritt für Schritt zeigen wie Du ganz einfach und schnell Selbstliebe aufbauen kannst. Selbstliebe ist natürlich nichts, was Du einfach so über Nacht aufbauen kannst. Es braucht Zeit und Energie und Du wirst bemerken, dass Du erst einen großen Schritt weiterkommen wirst, wenn Du langfristig daran arbeitest.

Deswegen werden wir in diesem Buch auch zuerst die Grundlage aufbauen und von da aus weiter arbeiten. Das ist es nämlich worauf es letztlich ankommt und worauf man auch verstärkt seinen Fokus legen sollte. Du kannst es dir wie bei einem Hausbau vorstellen. Zuallererst kümmern wir uns um die Grundlage. Wenn wir keine Grundlage haben auf der wir aufbauen können, bringt uns ein stabiles Dach auch nicht weiter. Umso wichtiger ist es an dieser Stelle anzusetzen und herauszufinden, was für einen selbst am besten funktioniert und was nicht.

Ich werde dir in diesem Ratgeber die wichtigsten Tipps und Strategien mit an die Hand geben, die dir dabei weiterhelfen werden mehr Selbstliebe auf zu bauen und dich selbst im alltäglichen Leben, aber auch auf langfristige Sicht mehr zu akzeptieren. Hierfür musst Du, jedoch auch den eigenen Willen mitbringen. Es reicht nicht nur aus, wenn ich dir das nötige Wissen hierfür mitgebe. Das ist selbstverständlich wichtig, aber nicht alles. Nur wenn Du alle wichtigen Werkzeuge hast, wirst Du einen großen Schritt weiterkommen und schlussendlich auch das erreichen, was Du wirklich wolltest.

Selbstliebe aufbauen:
Die Schritt für Schritt-Anleitung

Die allermeisten Menschen fragen sich wie sie im echten Leben ganz einfach und ohne viel Aufwand Selbstliebe aufbauen können. Wir müssen einfach nur wissen wie es funktioniert und worauf man alles zu achten hat. Wenn Du das auf diese Art und Weise machst, wirst Du bemerken, dass Du einen großen Schritt weiterkommst und viel schneller und einfacher das erreichen. Für die nächsten Schritte, die ich dir mit an die Hand geben werde, musst Du jedoch auch den nötigen Willen mitbringen. Wenn Du das Gefühl hast, dass er dir zu schnell geht, lass dir lieber ein bisschen zu viel, als zu wenig Zeit. Du wirst bemerken, dass es sich auf jeden Fall auszahlen wird.

Kenne deine eigenen Werte:

In den meisten Fällen leben wir Tag ein Tag aus, ohne uns tatsächlich zu fragen, was für uns persönlich wichtig ist und was nicht. In den allermeisten Fällen übernehmen wir einfach Muster und Gedankengänge, die wir von der Gesellschaft vorgelegt bekommen haben. So kommt es nicht selten vor, dass wir am Ende gar nicht mehr wissen, was unsere eigenen Werte sind und was für uns persönlich wichtig ist. Umso wichtiger ist es, dass wir an dieser Stelle ansetzen und herausfinden, was unsere eigenen Werte sind und wie wir sie am besten in unserem Alltag integrieren können. Das ist immer noch eine Frage, die sich die wenigsten Menschen im Alltag stellen. So kommt es nicht selten vor, dass wir am Ende ein Leben leben, was gar nicht unseren Werten und Vorstellungen entspricht. Doch was sind eigentlich eigene Werte und warum sind sie im Alltag gerade so wichtig? Eigene Werte zu haben, bedeutet in den allermeisten Fällen ein Leben zu führen, was nach den eigenen Vorstellungen entspricht.

Das ist einfacher gesagt, als gemacht. In den allermeisten Fällen sind wir mit solchen Kleinigkeiten beschäftigt, sodass wir das große Bild vor Augen verlieren. Das bedeutet, aber nicht, dass man nichts daran verändern kann. Man muss nur wissen worauf es ankommt und was für einen persönlich wichtig ist. Eigene Werte sind in den meisten Fällen universell. Sie geben uns selbst Kraft und helfen uns auch dabei schneller und einfach ein bestimmtes Ziel zu erreichen. Eigene Werte sind in den allermeisten Fällen nicht an bestimmte Bedingungen gebunden. Eigene Werte spiegeln das wieder worauf wir am Ende unseres Lebens zurückblicken möchten. Nicht selten handelt es sich hierbei um Sachen über die wir uns im Alltag so gut wie gar keine Gedanken machen. Umso wichtiger ist es an dieser Stelle anzusetzen und heraus zu finden, was für einen selbst wichtig ist und was nicht. Auch wenn man im alltäglichen Geschehen gar nicht dazu kommt, sich selbst diese Fragen zu stellen, bedeutet das noch lange nicht, dass man selbst nicht etwas dafür tun kann.

Der erste und wichtigste Schritt ist es sich darüber bewusst zu werden, was für einen selbst im Leben am wichtigsten ist. Das ist eine Frage, die normalerweise viel zu kurz kommt und in den meisten Fällen auch nicht gestellt wird. Meistens sind es die Dinge auf die wir am Ende unseres Lebens zurückblicken möchten, aber die wir uns selbst im Alltag so gut wie gar nicht stellen. Wenn wir diese Werte immer mehr in den Alltag einbauen, kommen wir auch in der Regel einen großen Schritt weiter und können im Nachhinein viel mehr erreichen. Wichtig hierbei ist, dass wir kleine Schritte machen, um unser eigentliches Ziel im Nachhinein auch zu erreichen.

Lobe dich selbst:

Im Alltag kommen wir viel zu selten dazu uns selbst für unsere eigenen Taten zu loben. Mit dieser einfachen Technik können wir, jedoch ganz einfach und schnell unser eigenes Selbstbewusstsein zu verbessern. Wichtig hierbei ist nur, dass wir daraus auch eine Gewohnheit machen, damit diese Methode auch seine Wirkung hat. Sich für seine eigenen Ziele zu loben, kann einen selbst einen großen Schritt weiterbringen und dich auch viel schneller und einfacher dahin bringen, wo Du es eigentlich wolltest. Im Alltag kommen wir viel zu selten dazu uns dafür zu loben, was wir gut gemacht haben. Umso wichtiger ist es an dieser Stelle anzusetzen und dadurch mehr Liebe und Akzeptanz zu sich selbst aufzubauen. Gerade wenn Du mal etwas geschafft hast, was Du normalerweise nicht auf die Reihe bekommen hast, solltest Du dich auf jeden Fall loben. Wie Du dich lobst, ist selbstverständlich vollkommen dir überlassen. Wichtig ist nur, dass Du es auch wirklich in deinen Alltag einbaust. Wenn Du das machst, wirst Du bemerken, dass Du einen großen Schritt weiterkommst und viel schneller und einfacher mehr Akzeptanz und Liebe zu dir selbst aufbauen kannst.

Kenne deine Stärken:

In den allermeisten Fällen neigen die allermeisten Menschen dazu sich auf ihre Schwächen zu konzentrieren, anstatt auf ihre Stärken. Das liegt vor allem auch daran, weil wir in Problemen, anstatt in Lösungen denken. Nur wenn wir an dieser Stelle ansetzen und herausfinden wie wir das verändern können, werden wir auch einen großen Schritt weiterkommen und im Nachhinein das erreichen, was wir möchten. Das bedeutet nicht, dass wir die Augen vor der Realität verschließen. Ganz im Gegenteil! Wenn wir unsere Stärken richtig in Einsatz bringen, dann werden wir im Nachhinein einen großen Schritt weiterkommen und uns auch selbst mehr lieben lernen. Doch warum ist es überhaupt so wichtig seine eigenen Stärken zu kennen? Wir haben schon am Anfang den Zusammenhang zwischen Selbstliebe und Selbstwirksamkeit entschlüsselt. Wenn wir in einer bestimmten Sache gut sind und es uns selbst beweisen, werden wir auch automatisch zufriedener mit uns selbst.

Umso wichtiger ist es an dieser Stelle anzusetzen und seine eigenen Stärken Schritt für Schritt näher kennen zu lernen. Aus der Psychologie ist schon lange bekannt, dass man 10 Mal so viel Energie und Zeit braucht, um seine Schwächen zu verbessern, als bei seinen Stärken. Warum sollte man sich also nicht von Anfang auf seine Stärken fokussieren? Darüber hinaus lernst Du dich selbst damit einen großen Schritt besser kennen und kannst im Nachhinein auch eine viel bessere Verbindung zu dir selbst aufbauen. Es braucht ein bisschen Zeit bis man diese Gewohnheit aufgebaut hat, aber Du wirst bemerken, dass sich dies auf langfristige Sicht auf jeden Fall auszahlen wird.

Kenne deinen inneren Kritiker und schalte ihn aus:

Vielleicht hattest Du auch schon mal inneren Stimmen gehabt, die dich die ganze Zeit kritisieren und dich negativ stimmen. Jeder von uns hat mit diesem Stimmen zu kämpfen. Sie zu ignorieren und einfach zu überspielen, wird keinen einzigen Menschen weiterbringen. In den meisten Fällen macht so eine Verhaltensweise die ganzen Probleme nur noch schlimmer. Umso wichtiger ist es an dieser Stelle anzusetzen und herauszufinden wie man mit seinem inneren Kritiker umgehen kann. Wie wir schon am Anfang besprochen haben, haben unsere Gedanken einen direkten Einfluss auf uns. Wenn wir diesen Einfluss nicht richtig erkennen und auch nicht wissen wie wir mit ihm umgehen können, kommen wir keinen einzigen Schritt weiter und wissen auch nicht wie wir mehr Akzeptanz zu uns selbst aufbauen können.
Einen inneren Kritiker zu besitzen, ist an sich nicht die schlimmste Sache der Welt. Viel wichtiger ist es wie man mit diesem Kritiker umgeht.

Der erste und wichtigste Schritt ist es diesen Kritiker richtig zu beobachten. Dadurch können wir nämlich ganz einfach und schnell Muster erkennen. Wir haben schon zu Beginn darüber gesprochen wie wichtig Muster sind und warum man sich unbedingt an diesen orientieren sollte, wenn man etwas bei sich verändern will. Der nächste und wichtige Schritt ist ein klares und deutliches ,,Nein". Damit signalisieren wir nämlich unseren Gedanken, dass es ab hier nicht mehr für sie weitergeht. In der Regel haben wir die Wahl, ob wir unsere eigenen Gedanken kontrollieren oder ob wir uns von ihnen kontrollieren lassen. Umso wichtiger ist es, dass wir an dieser Stelle ansetzen und herausfinden, was für uns persönlich am besten funktioniert und was nicht. Wenn Du deine eigenen Muster erstmal richtig erkannt hast, ist es wichtig ein ganz klares ,,Nein" an dieser Stelle zu setzen. Es braucht ein bisschen Zeit und Energie bis man diese Gewohnheit aufgebaut hat, aber Du wirst bemerken, dass es sich im Nachhinein auf jeden Fall auszahlen wird. Dies ist eine Methode, die vor allem im NLP (Ausgeschrieben = Neurolinguistischen Programmieren) sehr bekannt und populär ist. Sie nennt sich Reframing.

Ziel bei dieser Methode ist es deine Gedanken zu verändern, und zwar vom Negativen zum Positiven. Das ist ein Prozess, der nicht von heute auf morgen funktioniert. Man kann, aber Schritt für Schritt die richtigen Methoden anwenden, um schlussendlich an sein eigenes Ziel zu kommen. Dein erstes und wichtigste Ziel sollte es sein deine Gedanken zuerst zu beobachten. So kannst Du erstmal Muster erkennen. Danach kannst Du ganz einfach und schnell negative Muster durchbrechen, indem ein ganz klares „Nein" sagst. Das kannst Du laut oder auch lautlos vor deinem inneren Auge machen. Hier macht es natürlich Sinn die Methode auszuwählen mit der Du dich persönlich am wohlsten fühlst. Wenn Du das machst, wirst Du einen großen Schritt weiterkommen und viel schneller und einfacher das erreichen, was Du dir eigentlich vorgenommen hast.

Sei dein eigener bester Freund:

Im Alltag neigen wir viel zu sehr dazu unseren inneren Kritiker unsere volle Macht über uns selbst zu geben. So kommt es nicht selten vor, dass negative Gedanken die Macht über uns gewinnen, sodass wir im Nachhinein gar nicht mehr wissen, was für uns persönlich wirklich wichtig ist. In vielen Fällen kann es hilfreich sein an dieser Stelle anzusetzen und der eigene beste Freund für sich selbst zu sein. Das ist ein Prozess, der nicht von heute auf morgen funktioniert. Das ist verständlich. Dennoch kannst Du auf tagtäglicher Ebene die richtigen Schritte gehen und darauf achten, dass Du immer dein eigener bester Freund bleibst.

Das bedeutet in der Praxis, dass Du auch gut zu dir selbst bist und dir auch mal Sachen gönnst, wenn Du eine bestimmte Sache geschafft hast. Im Alltag neigen wir, jedoch dazu viel zu sehr unser eigener Feind zu sein, anstatt uns selbst bei unseren eigenen Zielen zu bestärken. Du musst, jedoch nicht nur immer mit Hilfe von materiellen

Dingen dir selbst zeigen, dass Du etwas Wert bist. In den meisten Fällen reichen schon Worte aus. Wir haben schon zu Beginn darüber gesprochen was für einen großen Einfluss die eigenen Gedanken auf das eigene Handeln haben. Wenn Du dir öfter Mut mit Hilfe von positiven Gedanken aussprichst, wirst Du auch bemerken, dass Du bei der Umsetzung deiner eigenen Ziele einen großen Schritt weiterkommen wirst.

Lerne dich in Geduld:

Du hast bestimmt auch schon mal etwas von dem Satz :,,Rom wurde auch nicht an einem Tag gebaut" gehört. Dieser Spruch lässt sich auch auf viele andere Dinge in unserem Leben übertragen. Wenn wir uns große Ziele in unserem Leben vornehmen, neigen wir dazu alles auf einmal haben zu wollen. So kommt es nicht selten vor, dass wir am Ende gar nichts mehr schaffen und im Nachhinein das große Ziel ganz über Bord schmeißen. Umso wichtiger ist es an dieser Stelle anzusetzen und sich selbst immer wieder in Geduld zu üben. Das bedeutet nicht, dass wir die rosarote Brille aufsetzen und die Realität nicht mehr sehen. Ganz im Gegenteil! Wenn wir uns in Geduld üben, werden wir bemerken, dass wir auch gleich ein Stückchen realistischer denken werden. Man kann ein großes Ziel wie zum Beispiel 20kg abzunehmen nicht über Nacht verwirklichen. Also übst Du dich in Geduld, um im Nachhinein auch einen großen Schritt weiter zu kommen und das zu erreichen, was Du möchtest.

Zeit für die eigenen Lebensträume schaffen:

Jeder von uns hat bestimmte Träume und Wünsche im Leben. Es sind die Dinge auf die wir am Ende unseres Lebens zurückblicken wollen und die für uns persönlich besonders wichtig sind. In den allermeisten Fällen kommen genau diese Träume im Alltag viel zu kurz. Stattdessen machen wir uns die ganze Zeit Gedanken darüber wann der Geschirrspüler ausgeräumt werden muss und was wir dabei alles zu beachten haben. Umso wichtiger ist es, dass wir immer wieder Zeit und vor allem den richtigen Rahmen für unsere Lebensräume schaffen. Wenn wir das machen, können wir uns den Sachen widmen, die für uns persönlich wichtig sind und auf die wir am Ende unseres Lebens gerne zurückblicken möchten. Es sind meistens die Dinge, die im Alltag viel zu kurz kommen.

Meistens verbringen wir die meiste Zeit damit uns irgendwelche Gedanken über triviale Angelegenheiten zu machen, die am Ende unseres Lebens überhaupt keine große Rolle spielen werden. Wie schon am Anfang beschrieben, kann man nicht alles von heute auf morgen schaffen.

Darauf kommt es auch nicht an. Viel wichtiger ist, dass man sich darüber bewusst wird, dass man jeden Tag die richtigen Schritte gehen kann, um schlussendlich das große Ziel zu erreichen. Deswegen war es mir auch von Anfang an wichtig, dass Du dich selbst mit deinen eigenen Lebensträumen beschäftigst, um heraus zu finden, was für dich persönlich wichtig ist und worauf Du wirklich zurückblicken möchtest. Wenn Du das machst, wirst Du bemerken, dass Du einen großen Schritt weiterkommen wirst und schlussendlich auch viel einfacher und effektiver an dein eigenes Ziel kommst.

Zeit für Regeneration:

Eines Tages ging ein Mann in den Wald, um einen kleinen Spaziergang zu machen und sich vom Alltagsstress zu erholen. Nach wenigen Metern sah er einen Holzer, der ziemlich erschöpft aussah. Er fragte den Holzer, was er die ganze Zeit versucht. Der Holzer sah ihn vollkommen verwundert an und antwortete :,,Das sehen Sie doch, ich versuche Holz herzustellen". Der Mann antwortete darauf :,,Das wird, aber noch Stunden dauern, wenn Sie Ihre Säge nicht schärfen.". Diese kleine Geschichte ist ein Synonym dafür wie wir im Alltag mit großen Zielen und Plänen umgehen. In den meisten Fällen geben wir und selbst überhaupt gar keine Zeit für Regeneration und versuchen völlig erschöpft das Ziel zu erreichen. So kommt es nicht selten vor, dass wir am Ende gar nichts von dem erreichen, was wir uns eigentlich vorgenommen haben. Es ist kein Zufall, dass der Muskel in der Regenerationszeit am besten wächst und auch stärker wird. Warum sollten wir uns selbst also auch nicht mental die Zeit dafür geben, um zu regenerieren und neue Kraft zu tanken? Das ist ein Thema, das gerade im alltäglichen Geschehen viel zu kurz kommt. Umso wichtiger ist es, dass man an dieser Stelle ansetzt und nicht nur den richtigen Rahmen für seine Zielverwirklichung schafft, sondern sich selbst auch immer wieder die Zeit gibt, um zu regenerieren. Wie Du am besten regenerieren kannst, um neue Kraft zu tanken und schlussendlich das zu schaffen, was Du dir wirklich vorgenommen hast, weißt Du in den meisten Fällen am besten. Hierbei empfiehlt es sich auf Methoden zurück zu greifen, die nicht zu Konsum motivieren wie das zum Beispiel bei Fast-Food der Fall ist. Wenn Du das machst, wirst Du bemerken, dass Du einen großen Schritt weiterkommst und im Nachhinein viel besser und schneller das erreichen kannst, was Du dir vorgenommen hast.

Umgib dich mit Menschen, die dich unterstützen:

Vielleicht hast Du auch schon mal etwas von dem Satz : ,,Du bist der Durchschnitt von den 5 Menschen mit denen Du dich am meisten umgibst", gehört. An diesem Satz ist viel mehr dran, als sich die meisten Menschen bewusst sind. Unser soziales Umfeld hat einen direkten Einfluss auf uns, der auf keinen Fall zu unterschätzen ist. Umso wichtiger ist es, dass man sich die Frage stellt mit welcher Art von Menschen man seine Zeit verbringen möchte. Das ist eine Frage, die nur jeder für sich alleine beantworten kann. Du hast das auch bestimmt schon einmal erlebt, dass Du dich mit bestimmten Menschen umgeben hast und dich dann sofort besser und aufgeladener gefühlt hast.

Du hast, aber bestimmt auch schon mal das Gegenteil erlebt, dass Du dich schlecht und müde gefühlt hast, wenn Du dich mit einer bestimmten Art von Menschen umgeben hast.

All das sind Faktoren auf die man vermehrt Acht geben sollte, um herauszufinden welche Art von Menschen einem wirklich gut tun und welche nicht. Hierbei ist es besonders hilfreich auf bestimmte Muster zu achten, die dir dabei weiterhelfen schneller und einfacher herauszufinden, was dir persönlich gut tut und was nicht. Wenn Du das machst, wirst Du einen großen Schritt weiterkommen und im Nachhinein das erreichen, was Du wirklich möchtest. Du solltest dir immer wieder vor Augen führen, dass auch Du der Durchschnitt von den 5 Menschen bist mit denen Du dich am meisten umgibst.

Arbeite an deiner Ausstrahlung:

Du hast das bestimmt auch schon einmal erlebt. Du warst auf einer Party oder einem Fest und auf einmal betritt eine bestimmte Person den Raum und zieht innerhalb von wenigen Sekunden die ganze Aufmerksamkeit für sich. Auch wenn das für einen selbst wie ein Zufall erscheint, steckt in den allermeisten Fällen viel Arbeit und Energie dahinter, die man auf den ersten Blick nicht erkennt. Die eigene Ausstrahlung strahlt im Grunde nur das eigene Innenleben wieder. Vielleicht hast Du auch schon mal etwas von dem Satz:,, Man kann nicht nicht kommunizieren" gehört. An diesem Satz ist viel mehr dran, als sich die meisten Menschen bewusst sind. Dieser Grundsatz wurde vor allem in den Sprachwissenschaften geprägt und wurde mit den Jahren immer weiter getragen.

Die meisten Menschen neigen, jedoch dazu die Schuld für alles in der Außenwelt zu suchen. So kommt es nicht selten vor, dass man überhaupt keinen einzigen Schritt weiterkommt und am Ende auch nicht mehr das erreichen kann, was man möchte.

Viel effektiver ist es die Außenwelt als einen Spiegel von einem selbst zu betrachten. So wird man nämlich einen großen Schritt weiterkommen und kann im Nachhinein auch viel einfacher und schneller Menschen in sein Leben ziehen, die einen unterstützen und gut tun. Auf langfristige Sicht wirst Du beobachten können, dass Du dich besser fühlen wirst und auch automatisch mehr Selbstliebe zu dir selbst aufbaust. Umso wichtiger ist es an dieser Stelle anzusetzen und herauszufinden wie man die Außenwelt dafür nutzen kann, um an sich selbst zu arbeiten. Die eigene Ausstrahlung wird dich einen großen Schritt weiterbringen und dich im Nachhinein auch dahin bringen, wo Du es wirklich möchtest.

Mache eine Bestandsaufnahme:

Viele Menschen sind mit ihrem Leben und mit ihrem eigenen Leben unzufrieden. Die wenigsten sind, jedoch dazu bereit sich wirklich zu fragen woran das überhaupt liegt und was man im Nachhinein dagegen tun kann. Der erste und wichtigste Schritt ist es eine Bestandsaufnahme zu machen. Wenn Du das machst, wirst Du bemerken, dass Du einen großen Schritt weiterkommst und im Nachhinein auch das erreichen kannst, was Du möchtest. Auch wenn eine reine Bestandsaufnahme noch keine klare Veränderung ist, ist sie auf jeden Fall die wichtigste Grundlage dafür, damit überhaupt eine Veränderung stattfinden kann. Bei einer Bestandsaufnahme geht es darum sich die wichtigsten Fragen zu stellen, die einem dabei weiterhelfen herauszufinden warum man überhaupt so denkt wie man es momentan tut. Auch Fragen wie zum Beispiel: ,,Wer bin ich überhaupt", sollten hierbei auf keinen Fall zu kurz kommen.

Im ersten Moment können solche Fragen ziemlich schmerzhaft sein und es kann dir auch so vorkommen, dass Du sie am liebsten vermeiden willst, aber ich kann dir versichern, dass es sich auf jeden Fall auszahlen wird, wenn Du an dieser Stelle ansetzen wirst, um dir die wichtigsten Fragen zu stellen, die für dich persönlich eine große Rolle spielen und dich auch weiterbringen werden. Bevor Du also mit einer Veränderung beginnst, solltest Du auf jeden Fall eine Bestandsaufnahme machen, um herauszufinden was und vor allem warum bestimmte Dinge in deinem Leben falsch laufen.

Verstehe dich und lerne dich selbst besser kennen:

Einer der häufigsten Gründe warum wir nicht das schaffen, was wir uns eigentlich vorgenommen haben ist, weil wir nicht wissen wie wir funktionieren. Die allermeisten Menschen leben Tag ein Tag aus ein Leben, das sie sich von anderen Menschen vorgeben lassen. Hierbei vergessen wir, jedoch in den allermeisten Fällen, dass wir nicht das Leben leben, was unseren eigenen Vorstellungen entspricht. Umso wichtiger ist es an dieser Stelle anzusetzen und heraus zu finden, was für einen persönlich wichtig ist und was nicht. Der erste und wichtigste Schritt ist es sich selbst zu verstehen und sich selbst besser kennen zu lernen. Das ist langer und dennoch sehr wichtiger Schritt. Nur wenn man dazu bereit ist etwas auf tagtäglicher Ebene zu tun, wird man einen großen Schritt weiterkommen und auch automatisch mehr Liebe zu sich selbst aufbauen. Wie schon am Anfang erwähnt, kann nicht alles von heute auf morgen funktionieren. Das ist verständlich. Das bedeutet, aber noch lange nicht, dass man auf tagtäglicher Ebene etwas dafür tun kann, um schlussendlich das zu erreichen, was man sich vorgenommen hat.

Doch wie kann man sich selbst besser kennenlernen und was hat man alles bei der Umsetzung alles zu beachten? Wir haben schon zu Beginn darüber gesprochen wie wichtig die eigenen Gedanken sind und warum man diese auf keinen Fall unterschätzen sollte, wenn es darum geht sich selbst und seine eigenen Gedanken besser kennenzulernen. In den meisten Fällen können wir in unseren eigenen Gedankenmuster erkennen. Wenn Du deine eigenen Gedanken mehr unter Kontrolle hast und auch weißt, wie Du sie verändern kannst, wirst Du bemerken, dass Du automatisch mehr Einfluss auf dein Handeln haben kannst und somit dein Leben in die gewünschte Richtung lenken kannst. Teste es einfach mal selbst aus und Du wirst bemerken, dass es im Grunde gar nicht so schwer ist auf das eigene Leben Einfluss zu nehmen, wenn man weiß wie es funktioniert.

Schaffe den richtigen Rahmen:

Stelle dir vor Du willst abnehmen. Dein Haus ist, jedoch voll mit ungesunden und fettigen Lebensmitteln wie zum Beispiel Fast-Food und Süßigkeiten. Wie hoch ist dann die Wahrscheinlichkeit, dass Du einfach so zuschlägst und dann großes Ziel über Bord schmeißt? Ziemlich groß! Auch wenn Du noch sehr viel Motivation haben solltest, ist unsere Willenskraft aus psychologischer Sicht ziemlich begrenzt. Umso wichtiger ist es, wenn Du dann später an dieser Stelle ansetzt und herausfindest wie Du mit dieser Willenskraft richtig umgehen kannst. Sicherlich braucht das Zeit und Energie, aber Du wirst bemerken, dass es sich auf jeden Fall auszahlen wird. Der erste und wichtigste Schritt wie Du deine Willenskraft richtig nutzen kannst, ist es einen richtigen Rahmen zu schaffen.

In der Praxis sieht das Ganze so aus, dass Du alle Gegenstände aus deinem Blickwinkel schaffst, die dich davon abhalten können dein eigentliches Ziel zu erreichen.

Selbstverständlich ist das bei jedem etwas anderes und deswegen ist es wichtig an dieser Stelle anzusetzen und herauszufinden wie man seinen Rahmen ideal gestalten kann.

Auf langfristige Sicht wirst Du, jedoch bemerken, dass Du damit nicht nur einfacher und schneller dein Ziel erreichen kannst, sondern dich auch im Allgemeinen besser fühlst.

Selbstliebe in der Praxis: Wie Du mehr Liebe und Akzeptanz zu dir im Alltag aufbaust

Nun bist Du mit dem wichtigsten Grundwissen ausgestattet. Nun geht es darum, dass Du das Gelernte auch tatsächlich in die Tat umsetzt. Deswegen wollen wir uns in diesem Kapitel mit dem alltäglichen Geschehen auseinandersetzen. Die meisten Menschen fragen sich wie Sie Liebe und Akzeptanz im Alltag aufbauen können und was sie dabei zu beachten haben. Genau deswegen wollen wir uns in diesem Kapitel auf dieses Thema fokussieren und ich werde dir Schritt für Schritt zeigen wie Du ganz einfach und schnell im Alltag mehr Selbstliebe zu dir aufbauen kannst.

Führe dir die Vorteile immer wieder vor Augen:

Wenn wir ein bestimmtes Ziel erreichen wollen, brauchen wir eine bestimmte Motivation, die uns anspornt. Die meisten Menschen vergessen, jedoch sich diese Motivation immer wieder vor Augen zu führen und heraus zu finden, was für einen selbst am besten funktioniert. Wenn Du Probleme damit haben solltest auf tagtäglicher Ebene mehr Selbstliebe zu dir aufzubauen, solltest Du dir im ersten Schritt ein Blatt Papier und einen Stift schnappen und damit beginnen die wichtigsten Vorteile aufzuschreiben. Damit ist es, aber noch lange nicht getan. Damit Du dich jeden Tag aufs Neue motivieren kannst, dran zu bleiben und weiter zu machen, solltest Du diese Liste irgendwo dran hängen, wo Du sie jeden Tag sehen kannst.

Am besten direkt nach dem Aufwachen. Wenn Du das machst, wirst Du bemerken, dass Du einen großen Schritt weiterkommst und im Nachhinein auch viel mehr Akzeptanz und Liebe zu dir aufgebaut hast. Damit Du es ein bisschen einfacher hast und auch weißt, was für dich persönlich wichtig ist, habe ich für dich die wichtigsten Vorteile zusammengestellt.

Du wirst attraktiver für andere:

Vielleicht hast du auch schon mal etwas von dem Gesetz der Anziehung gehört. Dieses Gesetz besagt, dass Du genau das in dein Leben anziehst, was Du in deinem Inneren bist und fühlst. Man braucht sich von diesem Gesetz selbstverständlich nicht verrückt zu machen, aber in den allermeisten Fällen steckt viel mehr drin, als sich die meisten Menschen bewusst sind. Umso wichtiger ist es an dieser Stelle anzusetzen und herauszufinden, was für einen persönlich am besten funktioniert und was nicht. Wenn Du an deinem Innenleben arbeitest und mehr Selbstliebe aufbaust, wirst Du automatisch eine andere Ausstrahlung haben. Du wirst mehr Menschen in dein Leben ziehen und vor allem die Art von Menschen, die dich unterstützen und helfen werden. Auch in unbekannten Situationen wirst Du mit mehr Selbstliebe und Selbstbewusstsein sofort sicherer auftreten und direkt mehr Aufmerksamkeit an dich ziehen.

Du bist erfolgreicher:

Wer will nicht schon erfolgreich sein und endlich das schaffen, was er oder sie sich vorgenommen hat? Mit dem richtigen Mindset, wirst Du einen großen Schritt weiterkommen und im Nachhinein auch viel schneller und einfacher das umsetzen können, was Du dir eigentlich vorgenommen hast. Der weltweit bekannte Motivationspeaker Stephen R. Covey hat auch immer wieder betont, dass Erfolg niemals von Außen heraus kommt. Es ist eine Sache, die von Innen kommen muss und die einem dann nur weiterhelfen wird. Von Innen nach Außen geht der Weg. Wenn Du an deinem Innenleben arbeitest, wirst Du bemerken, dass Du auch im Außen automatisch erfolgreicher werden wirst und viel schneller und effektiver an dein Ziel kommen wirst.

Darüber hinaus wirst Du die Fähigkeit verbessern deine Stärken richtig einzusetzen und schlussendlich das zu erreichen, was Du wirklich wolltest.

Das ist ein Prozess, der sich nicht über Nacht ereignet. Dies bedeutet, aber noch lange nicht, dass Du nicht schon heute damit beginnen kannst. Du kannst heute schon den ersten richtigen Schritt machen, um schlussendlich dein großes Ziel zu verwirklichen.

Selbstliebe verbessert dein soziales Leben:

Wir Menschen sind nun einmal soziale Wesen. Das ist ein Fakt. Wir wollen uns gerne mit anderen Menschen verbinden und uns eins mit ihnen fühlen. Dies hat vor allem evolutionäre Gründe. Früher waren wir auf unsere Mitmenschen angewiesen, um zu überleben. Selbstverständlich haben sich die Umstände verändert und wir haben keine Mammuts mehr, die uns verfolgen. Das bedeutet, aber noch lange nicht, dass sich unsere biochemischen Prozesse verändert haben. Ganz im Gegenteil! Diese laufen auch noch heutzutage in den meisten Fällen genauso ab. Wenn Du mehr Selbstliebe zu dir aufbaust, wirst Du nicht nur mit dir selbst mehr im Reinen kommen, sondern auch dein soziales Leben wird sich dadurch automatisch verbessern. Du wirst toleranter werden und auch dazu bereit sein Konflikte richtig anzugehen.

Emotionale Stabilität:

Emotionale Stabilität ist eine Fähigkeit, die in unserem Alltag sehr gefragt ist. Gerade wenn es um wichtige Entscheidungen geht, ist es wichtig, dass wir emotional stabil sind und nicht die ganze Zeit uns von unseren Gefühlen leiten lassen. Wenn Du dir selbst mehr Liebe und Akzeptanz schenkst, wirst Du bemerken, dass sich auch deine emotionale Stabilität verändern wird. So wirst Du in Zukunft zum Beispiel bessere Entscheidungen treffen können, die dich bei deinen Zielen weiterbringen werden und dir selbst auch dabei helfen werden dahin zu kommen, wo Du es möchtest.

Mehr Selbstliebe bedeutet mehr Selbstvertrauen:

Die allermeisten Menschen wünschen sich mehr Selbstvertrauen. Sie vergessen, jedoch hierbei, dass mehr Selbstvertrauen bei der Liebe bei sich selbst beginnt. Wenn Du damit beginnst dich selbst mehr zu lieben, wirst Du auch bemerken, dass Du selbst automatisch mehr Selbstvertrauen haben wirst. Du baust eine größere innere Stärke auf und kannst somit einfacher und schneller das verwirklichen, was Du dir auch wirklich vorgenommen hast. Im Grunde ist es gar nicht so schwer, wenn Du es einmal verstanden hast und auch weißt worauf es ankommt. Darüber hinaus wird es dir einfacher fallen dich deinen eigenen Ängsten zu stellen. In der Psychologie sind Ängste schon lange als die größte Motivation bekannt. Sie bringen uns im Leben, jedoch nicht weiter, sondern halten uns sogar davon ab endlich das zu erreichen, was wir schon lange erreichen wollten. Umso wichtiger ist es an dieser Stelle anzusetzen und seine eigenen Ängste und Gedankengänge genauer unter die Lupe zu nehmen.

Meditation:

Am Tag denken wir ca. 60.000 Gedanken. Psychologen und Verhaltensforscher haben, jedoch herausgefunden, dass gerade einmal 3% dieser Gedanken wirklich positiv und brauchbar sind. Das bedeutet im Umkehrschluss, dass der Rest dieser Gedanken vollkommen unbrauchbar ist und im Endeffekt dazu führen kann, dass man genau das Gegenteil von dem erreicht, was man sich eigentlich vorgenommen hat. Über den Einfluss unserer Gedanken sind sich, jedoch die wenigsten Menschen wirklich bewusst. Sie leben einfach Tag ein Tag aus und lassen sich im Endeffekt von ihnen beeinflussen. Umso wichtiger ist es an dieser Stelle anzusetzen und herauszufinden wie man sich selbst helfen kann, um seine eigenen Gedanken besser in den Griff zu bekommen. Die beste Methode, die Du im Alltag anwenden kannst ist die Meditation. Das Beste ist, dass Du im Grunde nur dich selbst und deinen Atem brauchst. Du kannst jederzeit und überall meditieren. Doch warum ist Meditation so hilfreich und effektiv und in welcher Form kannst Du dir selbst dabei helfen?

Meditation hilft dir im ersten Schritt deine eigenen Gedanken besser zu sortieren und wieder in den Griff zu bekommen. Im Alltag haben wir in den meisten Fällen zwei Wahlen. Entweder wir lassen es zu, dass unsere Gedanken die Kontrolle über uns bekommen oder wir übernehmen selbst die Kontrolle über unsere Gedanken. Selbstverständlich ist das eine Entscheidung, die sich nicht so einfach über Nacht verwirklichen lässt. Du musst auf tagtäglicher Ebene meditieren, um einen großen und langfristigen Effekt zu erreichen. Du wirst, aber bemerken, dass Du einen großen Schritt weiterkommen wirst und viel schneller und einfacher an dein Ziel kommen kannst, wenn Du die Meditation zu deiner Routine machst. 10 bis 15 Minuten am Tag reichen vollkommen aus. Du solltest dich selbst auch nicht zwingen, wenn Du bemerkst, dass es überhaupt nicht mehr geht. Damit wirst Du im Nachhinein nur noch alles schlimmer machen. Gerade am Anfang hat man beim Meditieren noch mit vielen Gedanken zu kämpfen und das ist auch vollkommen in Ordnung. Wichtig ist nur, dass Du im ersten Schritt lernst diese Gedanken richtig zu beobachten. Versuche deine Gedanken auch nicht zu bewerten, auch wenn sie dir nicht gefallen.

Deine Gedanken lernen nämlich damit, dass sie nicht alles mit dir machen können. Im Nachhinein wirst Du mehr Kontrolle und Macht über deine Gedankengänge haben können und dich auch automatisch besser und glücklicher fühlen. Wenn Du magst kannst Du dich selbst beim Meditieren auch immer wieder steigern. Wie schon zu Beginn erwähnt ist es wichtig, dass Du dir selbst keinen Zwang zugestehst. Das wird dich nämlich keinen einzigen Schritt weiterbringen, sondern dich sogar davon abhalten das zu erreichen, was Du eigentlich wolltest.

Schlusswort

Erstmal möchte ich mich herzlich bei dir bedanken, dass Du bis zum Ende mitgelesen hast. Das zeigt dir selbst, dass Du den nötigen Willen und die nötige Motivation hast. Nun geht es darum das Gelernte auch tatsächlich in die Praxis umzusetzen. Das ist es nämlich worauf es am Ende ankommt und worauf man auch verstärkt seinen Fokus legen sollte. Setze dir hierbei am Anfang kleine Ziele, um im Nachhinein auch das zu erreichen, was Du dir vorgenommen hast. Es bringt überhaupt nichts sich schon zu Beginn viel zu viel vorzunehmen und damit keinen einzigen Schritt weiter zu kommen.

Schon zu Beginn macht es Sinn die Messlatte besonders niedrig anzusetzen. Somit stellst Du sicher, dass Du im Nachhinein auch deine gewünschten Ziele verwirklichen kannst. Selbstwirksamkeit spielt nämlich auch hier eine große Rolle, wenn Du deine Ziele verwirklichen möchtest und mehr Selbstliebe aufbauen willst. Dies ist ein Prozess, der Zeit und Energie braucht.

Du kannst jeden Tag die richtigen Schritte gehen, um im Nachhinein auch deine Ziele zu verwirklichen. Mit diesen Worten möchte ich mich auch schon von dir verabschieden und wünsche dir viel Spaß und Erfolg bei der Umsetzung.

Dein

M. Rock

Wie waren die Informationen?

Solltest Du Gefallen an meinem Buch gefunden haben, wäre ich Dir sehr dankbar für Deine Bewertung. Um eine Bewertung zu hinterlassen,

klicke einfach hier (folgt noch)

und bewerte das Buch mit einigen kurzen Sätzen.

Das dauert nicht länger als 2 Minuten.

Schreibe, was Dir ganz besonders gut gefallen hat und natürlich auch (konstruktiv), solltest Du etwas vermisst haben. Ich lese wirklich jede Bewertung und jedes persönliche Feedback (*info@rdw-traders-club.de*). Das hilft mir dabei, meine Bücher stetig zu verbessern und den persönlichen Kontakt mit meinen Lesern zu intensivieren.

 Auf meiner Facebook Seite, in unserer geschlossenen Gruppe, lade ich Sie gerne ein das wir verschieden aktuelle Erlebnisse Diskutieren können und jeder für sich bewerten kann.

Weil meist gibt es nicht nur eine Wahrheit.

https://www.facebook.com/m.rockit/

Besuche mich auf Homepage:

http://www.rdw-traders-club.de/BUeCHER-VON-RDW

Wenn Du über Aktion und Angebote informiert werden möchtest,
Trage Dich bei unserem Newsletter-dienst ein, versprochen kein Spam.

http://www.rdw-traders-club.de/epages/80159646.sf/de_DE/?ObjectPath=/Shops/80159646&ViewAction=ViewNewsletterVielen herzlichen

Dank für Deine Unterstützung.

M. Rock

Rechtliches

Für Fragen und Anregungen:
info@rdw-traders-club.de

BUCHTITEL

Selbstliebe lernen,

Die Schritt für Schritt-Anleitung,

Wie Du mehr Liebe und Akzeptanz zu dir selbst aufbaust.

Für mehr Selbstbewusstsein

Auflage,1 April JAHR 2018

© by M Rock
Herausgeber dieses Buches ist
VERLAG: Rock die Wellen Traders Club
ADRESSE: An der Brenzbahn 6

PLZ, 89073 **ORT**, ULM

Ansprechpartner Rose, Marcus

Steueridentifikation: USt-IdNr.: DE306394148

Copyright © 2018 by M. Rock - alle Rechte vorbehalten
Alle Rechte vorbehalten. Alle Texte, Textteile, Grafiken, Layouts sowie alle sonstigen schöpferischen Teile dieses Werks sind unter anderem urheberrechtlich geschützt. Das Kopieren, die Digitalisierung, die Farbverfremdung, sowie das Herunterladen z.B. in den Arbeitsspeicher, das Smoothing, die Komprimierung in ein anderes Format und Ähnliches stellen unter anderem eine urheberrechtlich relevante Vervielfältigung dar. Verstöße gegen den urheberrechtlichen Schutz sowie jegliche Bearbeitung der hier erwähnten schöpferischen Elemente sind nur mit ausdrücklicher vorheriger Zustimmung des Autors zulässig. Zuwiderhandlungen werden unter anderem strafrechtlich verfolgt!

Lektorat & Korrektorat: RDW – Traders CLUB

Cover: RDW – Traders CLUB

ISBN-13: 978-1980895923

Disclaimer-Alle Inhalte dieses Ratgebers wurden nach bestem Wissen und Gewissen verfasst und nachgeforscht. Allerdings kann keine Gewähr für die Korrektheit, Ausführlichkeit und Vollständigkeit der enthaltenen Informationen gegeben werden. Der Herausgeber haftet für keine nachteiligen Auswirkungen, die in einem direkten oder indirekten Zusammenhang mit den Informationen dieses Ratgebers stehen.

Mein Facebook Seite

https://www.facebook.com/m.rockit/

Buch Tipp

www.ingramcontent.com/pod-product-compliance
Lightning Source LLC
Chambersburg PA
CBHW030509220526
45464CB00006B/2716